Jubiläums-Ausgabe

30 Jahre DHG

Anthologie 2018

der Mitglieder
der Deutschen Haiku-Gesellschaft

Hrsg.: Vorstand DHG

Bibliografische Information der
Deutschen Nationalbibliothek:
Die Deutsche Nationalbibliothek verzeichnet diese
Publikation in der Deutschen Nationalbibliografie;
detaillierte bibliografische Daten sind im Internet
über dnb.de abrufbar.

© 2018 Deutsche Haiku-Gesellschaft e.V.
Herstellung und Verlag:
BoD – Books on Demand, Norderstedt
ISBN: 9783752888010

VORWORT

Im Frühling rief der Vorstand die Mitglieder auf, den 30. Geburtstag der Deutschen Haiku-Gesellschaft mit der Teilnahme an dieser Anthologie aktiv zu begehen. Jedes Mitglied konnte dafür bis zu fünf seiner Lieblings-Haiku aus der eigenen Feder auswählen.

Es sind 153 Mitgliederseiten geworden mit insgesamt 757 Haiku. Sie flogen der Redaktion im Frühling zu wie bunte Herbstblätter oder junge Vögelchen, die einen im Direktflug, andere mit Zwischenstationen. Viele davon sind dreizeilig, einige zwei- und einzeilig. Nicht alle Mitglieder sandten fünf Haiku ein. Es finden sich Seiten, auf denen die Autoren zwei, drei oder vier ihrer Haiku veröffentlichen. Jedes Mitglied, das sich beteiligt hat, findet sich auf einer eigenen Seite.

Das Auswahlprozedere hatte, wie der Redakteur innewurde, nicht überall in ein gleich intensives Suchen und Sortieren, Überlegen und Verwerfen gemündet. Während einige unter mehreren Tausend eigener Haiku auswählen konnten, schrieben andere ihre ersten Haiku gerade für diese Anthologie. Ein Mitglied nimmt teil, das für Ende des laufenden Kalenderjahres schon seinen Austritt aus dem Verein erklärt hatte; einmal reichte ein kaum im Frühling in den Verein eingetretenes Neumitglied seine Texte ein.

Solches durfte der Redakteur den zumeist elektronisch, seltener postalisch, erfolgten Kontakten entnehmen. Es resultierten für die Anthologie da und dort individuelle Formen in der Darstellungsweise einzelner Haiku. In einem Fall wurde versucht, über eine entsprechende Darstellung auf den inhaltlichen Zusammenhang zweier aufeinanderfolgender Haiku hinzuweisen.

Jede Autorin und jeder Autor konnte bei seinen, bei ihren Haiku die Groß- oder Kleinschreibweise einzeln bestimmen. Auch die Zeichensetzung mit Punkt, Komma oder Gedankenstrich lag letztlich beim Autor und der Autorin. Die Redaktion achtete darauf, dass offene Fragen zur Rechtschreibung und Grammatik im Rahmen der aktuellen Gewohnheiten des Dudens gelöst werden konnten. Belebend wirken da und dort fremdsprachliche Ausdrücke und andere, die einem örtlichen Dialekt angehören. Sie sind in einem Nachschlagewerk wie dem Duden oft nicht zu finden, vermögen aber, einem Haiku seine eigene Couleur zu geben.

Der Vorstand der Deutschen Haiku-Gesellschaft dankt als Herausgeber für das große Echo, das sein Aufruf bei den Mitgliedern fand, und freut sich, jedem ein reichhaltiges Büchlein zustellen zu können.

Das unterzeichnende Vorstandsmitglied dankt für den anregenden und angenehmen Austausch. Stets stand hinter der gemeinsamen Arbeit der Wunsch, dem Verein und jedem seiner Mitglieder ein Jubiläumsgeschenk überreichen zu können.

Dornach (CH), im Herbst 2018

namens des Vorstandes:
der Anthologie-Redakteur
Peter Rudolf

Die Anthologie

zum

dreißigsten Geburtstag

der

Deutschen Haiku-Gesellschaft

Eva-Maria Adamczyk

Straßencafé
gedrängt unter den Schirmen
endlich kommt das Eis!

so träumen am Meer
ganz nahe ein leiser Ton
Siesta

der Strohhutbengel –
schnell ein Foto mit ihm
und dann weiter

der Frühlingssturm tobt
und bringt schwere Gedanken
in schlafloser Nacht

ab und zu
ein Regenwurm auf dem Weg
Sommerregen

Ellen Althaus-Rojas

Einsetzender Regen
Halme und Menschen
richten sich auf

In loser Bindung
jemand spielt auf dem Klavier
blaue Noten

Abendlicht –
die alte Nachbarin
pflanzt Vergissmeinnicht

Zweite Blüte –
die Rosen auf dem Kleid
duften nach damals

Meeresluft –
Schlösser gebaut
eine Welle lang

Sylvia Bacher

langstrecken
auf der autobahn
gedankenreisen

gran an gran
das gold der ähren
wiegt der wind

verkehrsstau
in der mailuft
die erste mahd

ausverkauf
in der massenware
ein einzelstück

wochenmarkt
ich nehme den duft
des genusses mit

Valeria Barouch

Ackerfurchen –
ein Falke misst die Länge
mit zwei Flügelschlägen

Flussuferbummel –
ein Roma öffnet den Weg
durch seine Küche

Pass-Eröffnung –
auf dem vereisten See
erste Smaragdnarben

Tannenwipfel
vom Turteln der Tauben
gebogen

Geschäftsstraße –
Im Becher des Bettlers
die nächste Buße

Karin Baumgarten

Eisblumen am Fenster
unter warmer Kinderhand
rasch verwelkt

Ein Herz voll Liebe
in Rinde geritzt in
Jahren gewachsen

Am Ufer hockend
einbeinig lauscht die Ente
eig'nen Herztönen

Auf grauem Asphalt
die sterbende Libelle
fern das Abendrot

Efeuumranktes
altes Haus verlassen nun
auch das Schwalbennest

Christa Beau

Kräuterbeete
der Gärtner trocknet
Sommerdüfte

Mitternacht
aus den Möbeln knarrt
die Hitze des Tages

sein Gartenhut
die Arbeit vieler Jahre
im Duft des Strohs

im Straßencafé
die Sonne
setzt sich zu mir

Nebelwand
in der Einsamkeit
mir selbst begegnen

Dirk-Uwe Becker

blitze und donner
zerschneiden das himmelsgrau
der frosch im glas schläft

ein stürmischer tag
wind sammelt die blätter ein
ich gieße tee auf

das echo verklingt
der bogen streicht die saite
in neuen tönen

Himmelsfern Regen
Bogenforellen tanzen
blitzschnell die Angel

wind peitscht den grashang
zwei spitze ohren im feld
hundstage kommen

Winfried Benkel

Auf langen Stelzen
eilt mein Schatten übers Feld –
Dezembersonne

Weihnachtsessen
Ein leerer Platz bei Mutter
Der Lärm der Löffel

Abendstille
das Schiff am Horizont löscht
drei Wörter im Sand

Marathonläufer
sein Sprung über den langen Strich
der Schnecke

zwischen den Rosen
Worte
in Stein geschlagen

Fünf junge Birken
im kühlenden Märzenwind
flüstern vom Sommer.

Ein kleines Wunder:
Harmonie ohne Taktstock.
Stimmen der Vögel.

Abend aus Seide –
sanft und kühl, schmiegsam und leicht.
Ich schlüpfe hinein.

Du lebst gefährlich
zwischen den Pferdehufen,
stahlblauer Käfer.

Dem Regen lauschen,
der sich bergwärts verwandelt.
Schneeflockenstille.

Martin Berner

Dauerregen
da vorn
lacht einer

diese Nachtigall
sie meint mich

dieses Lied
die Jahre
fallen ab

erste Klasse Weihnachten
die Lehrerin erklärt
was ein Stall ist

keine Chance Aster
nach dem Regen
kommt der Frost

Paul Bernhard

Durch den schmelzenden Schnee
Drängen die Osterglocken
Ins Licht und die Wärme

Mit dem Morgenrot
Dem ersten Tageslicht
Die milde Sommerbrise

Aufkommender Wind
Zerzauste Bäume
Blätter im Höhenrausch

Tannennadeln fallen
Ungemütlich dieser Tanz
Auf den Eiskristallen

Wolfgang Beutke

Über Firnfelder –
der Schrei des Raben
erinnert mich
an mich

Schlafwandeln
durchs Uhrwerk
der Zikaden

Früher Fang.
Dieses Glitzern – wie es zurückperlt
ins Meer

Sonnenfinsternis
die Wucht
des Schweigens

Gleißendes Watt –
muschelverkrustet der
verlorene Anker

Eva Beylich

Altweibersommer
die Spinnen versammeln sich
zum Netzwerktreffen

Neujahrsmorgenlicht
die Blätter sind eingerollt
alle schlafen noch

Schnecken im Gebüsch
seine Ordnungsliebe stört
den flotten Dreier

Kürbisgesichter
zahnloses Lächeln grüßt mich
vor deiner Haustür

ein Jungvogel sitzt
auf seinem Grab. Das Leben
geht weiter im Flug

Christof Blumentrath

einen Baum gepflanzt
Großvaters Lehnstuhl
seufzt

ziehende Wolken
alle die ich kenne
alle die ich kannte

Morgenröte
sie zieht ihre Lippen nach
Mama lächelt

Neuschnee
das kleine Dorf
bewahrt sein Geheimnis

Flur B, Zimmer vier
die ausgetretenen Schuh'
mit Spucke geputzt

Elke Bonacker

Am Mittagstisch
im Schlafrock
der Apfel

Herbst
langsam wieder sichtbar
das Haus des Nachbarn

Arbeitslos –
auf dem Kalender
wieder Vollmond

Novembertag
die Stille noch
stiller

Pax
am Himmel
ein Regenbogen

Gerd Börner

ein altes Foto
fällt aus dem Buch
verbeult die Zeit –

Morgenkaffee –
herrlich duftet die Mühle
zwischen ihren Knien

nimm mich mit
flüstere ich
in das Ohr des Windes

im Treppenhaus …
dein Lächeln
ist schon oben

die alten Wurzeln
ausgetreten zur Treppe –
nackt nach dem Schnee

Ira Bräuer

Im Herd knistert Holz.
Teeduft mischt sich mit Herbstlaub.
Der nasse Hund schnarcht.

Liebevoll umhüllt
der alte Hofholunder
sein Reich mit Düften.

Der Reiher steigt auf,
lässt den Teich fischleer zurück.
Einsam schwimmt ein Blatt.

Kornblumen im Gras
weisen den Sommerfeldern
den Weg zum Himmel.

Löwenzahnsterne
fliegen ins Himmelblaue.
Kinderaugen lachen.

Jürgen Brauweiler

Uhrzeit, immer ist
es kurz vor oder kurz nach.
Wann hört es endlich?

In der Galerie
buntes Herbstlaub im Frühjahr,
Wind, ohne Lufthauch.

Beim Haare Schneiden
mit kleiner Schere spüre
ich die Zärtlichkeit.

Offene Fenster
atmen das Nachtblau herbei.
Stöhnen der Hitze.

Im Traum verlaufen,
trotzdem bin ich aufgewacht.
Einfach kann es sein.

Claudia Brefeld

Blütenschauer …
vorsichtig säubere ich
nur seinen Namen

Tiefer Schatten
ein Vogellied
nimmt bei mir Platz

Altes Gartentor –
der Weg zum Elternhaus
mit Herbst bedeckt

Winternacht
mein Atem verliert sich
zwischen den Sternen

Nach der Vernissage …
jeder Besucher trägt
sein Bild heim

Horst-Oliver Buchholz

Tagesanbruch
ich öffne die Tür
gegen den Wind

verdrängst ein Stück Welt
kleine Tasse
halbvoll grünen Tees

ins Tümpelidyll
der brüchige Steg
wie jeden Morgen

wie wenn in diesem Herbst
mehr Blätter fielen
als in Kindertagen

die Ruhe des Steins
der ins Wasser sinkend
seine Kreise zieht

Renate Buddensiek

Braunkohleabbau
über den Gruben das Leid
verlorener Heimat

Lavendelseife
den Duft der Provence nimmt sie
mit ins Büro

Beim Après-Ski
der Frau im Gipsbein
tanzen die Finger

Entweihte Kirche
im Abriss-Staub schwingen noch
Bachs Fugen in Moll

Endlose Weite
zwischen Himmel und Abgrund
einsam ein Segler

Ingo Cesaro

Herz eines Vogels.
Kopf voller Federn. Und dann –
nicht fliegen können.

Suchst vergeblich nach
den Magnolienblüten.
Im Holz des Astes.

Bevor ich kehre
warte ich unter dem Baum –
auf das letzte Blatt.

Eine Feder bleibt
mir vom Vogel in der Hand.
Der Wind wird sichtbar.

Goldfisch aus China.
Um ihn zu verstehen schnell –
einen Dolmetscher.

Reinhard Dellbrügge

Vorfrühling.
Eine Kettensäge fragmentiert
die Stille des Walds.

Von Händen
abgedeckt – Teeschalen
im Kirschblütenschauer.

Auf dem Trittstein
umspült vom Bach –
innehalten …

Deichweg.
An unseren Sätzen
zerrt der Wind.

Das Boot
samt Anglern schwarz geworden
in der Winterdämmerung.

Hildegard Dohrendorf

Karneval
ein fremder Atem
streicht meine Wange

Maitanz
in ihren Haaren
Vergissmeinnicht

Glühwürmchentanz
unsere Nachbarn
streiten wieder

Fotostrecke
wie behutsam sich
die Mohnblume öffnet

Vollmondnacht
meine Schritte wühlen
durchs Blättermeer

Gisela Doi

Nachtigallen
Wohin führt mein Weg heute?
Fudo myo-ou

Wind und Kälte
sich im Onsen erfreuend –
mystischer Stein

Vom Bambuswald
in die Weinhänge am Rhein –
schönes Leben!

Die Mondsichel im
ins Rot changierenden Blau –
du schaust herunter

Sakurablüten und
Hochzeitstouristen –
im leichten Nebel

Brigitte Doleschel

Kleine Fische am
Uferrand ein Wasserfloh
tanzt aus der Reihe

Teufel der Träume
lächeln so liebenswürdig
zinnoberverschmiert

Fische und Vögel
tauchen auf gehen unter
im Lichtblau des Traums

Fein zerperlt der Sand
zwischen Händen. Atemlos am
Strand. Stockt der Herzschlag
des Meeres. Kleine
Tode sterben die Wellen,
verlaufen an Land.

Bernadette Duncan

Kaffeeduft
Spatzenflügel filtern
das Morgenlicht

in der Dämmerung
die ersten Schritte
der Lämmer

Bauwagen
am Fenster gen Süden
Lavendel

mehr Himmel
nun da sie sich beugt
die Sonnenblume

Silvester
der Töpfer prüft
die letzte Schale

Hans Egerer

felder verweißt
am stillen eissee räkelnd
die zaubernuss

gestern verloren
die hoffnung auf zukunft
kinderlachen

gedämpft geröstet
erfrischend verwelktes grün
edler tautropfen

am bahnhof träumen
in vollen zügen
weiterfahren

espressoliebe
schwarze lust in porzellan
kaffeeextasse

Marion Eisenberger

bewölkter himmel
baulärm rund am altmarktplatz
polnische stimmen

industriekultur
zechen schließen, kunst kommt
zukunft beginnt

friedhof mittendrin
dahinter fabrikkräne
kriegskreuze davor

backfisch heiß frittiert
pommes mit schranke rot-weiß
mach' fetich, kleene

büdchen dicht an dicht
die straßen voller menschen
rummel auf dem platz

Gisela Farenholtz

zur Hochzeit gepflanzt ...
am uralten Apfelbaum
rosige Knospen

Brennholz
Opa zeigt uns wie immer
die Jahresringe

Novemberstürme
die Fahne
heillos zerfleddert

Waldgras
dies Zittern
von Dunkel zu Dunkel

Erde zu Erde ...
mit seinem Stock tastet er
unterm Laub nach Halt

Beate Fischer

der rufe nachhall
als spielten die kinder noch
immer im garten

in nordischem licht
graue inseln, unbewohnt
das leuchten in mir

von draußen kein ton
in den hof sinken flocken –
zur violine

mädchenlachen, schrill
wie verzogene türen –
im hinausgehen

am grab der mutter
singe ich ein wiegenlied
mit ihrer stimme

Gerda Förster

weiße Päonien
in meinem Garten
träumt die Nacht

wer wir einst waren ...
wilder Mohn im Wind

... bleiben?
Heckenrosenduft

unsere Träume
zwei Zeppeline
im stillen Raum

alles was wir liebten ...
die schimmernde Haut des Sees

Buchausleihe.
Die Schlange reicht bis hinaus
in den Frühling.

Herbstmatsch.
Des toten Marders offenes
Maul.

Ein Spritzer Wein
auf dem Tisch. Im Kerzenschein
trinkt die Mücke.

Stille zwischen Schneefichten.
Der Vogel
ist wie eine Geburt.

Am Grund der Unendlichkeit
weißer Klee.
Ein Kind singt.

Peter-Michael Fritsch

Windgraues Papier
Zum Tuschen bereitgelegt
Wie starrst du mich an

Vom Dach rinnt Regen
Sturm, warum tost du ums Haus?
Herbst tropft in mein Herz

Was hat der Trottel?
Am Wege liegt er herum
Lacht über die Welt

Komm jetzt, November
Meister der Nebeltage
Grau bin ich wie du

Wunsch im Neuen Jahr
Bodenständig bleiben
Doch die Welt steht kopf

Jürgen Gad

glatt eingeatmet
das Samenkorn, beim Pusten
der Pusteblume

Welle für Welle
wird er davongetragen
der blaue Himmel

weg, mit einem Schlag –
nun Futter für die Kühe
die Sommerwiese

noch Knospen, offen
und schon verblüht – alles eins
die Heckenrosen

die Sommerweide
eine weite Schneefläche –
die Spur des Hasen

Monika Garn-Hennlich

Entwurzelter Baum
so gänzlich preisgegeben
lehnt am Nachbarstamm

Netz zwischen Ästen
in der Stille gesponnen
blinkt im Sonnenstrahl

Stein, moosbewachsen
deutet auf die Ewigkeit
mitten im Aufstieg

Ulrich George

wolkengestalten
geformt durch windes walten
nimmer veralten

strandrosen verwehn
hagebutten draus entstehn
der sommer will gehn

goldschimmernd ihr netz
inmitten die meisterin
der kunst des wartens

leuchtender vollmond
im wolkenmorgenmantel
flâneur de la nuit

am himmel dichten
das wehen und vergehen
wolkengeschichten

Hans-Jürgen Göhrung

Windstille
Das Schlagen der Fallleine
am nackten Mast

Verabredung
Im Sog der S-Bahn der Duft
von wildem Flieder

Schach!
Die Dame zieht sorgfältig
den Lippenstift nach

Sternenklare Nacht
Für den Heimweg nehme ich
den großen Wagen

Stadtmauer
Aus jeder Scharte schießt
das Unkraut

Vorm Küchenfenster
hin und her ein Dreckelchen
ganz langsam tiefer

Welkes Efeublatt
auf frischem Sanddorngrün
lacht sich eins

Treibt ein Frosch im Glas
draußen auf dem See vorbei
in die Freiheit

Für Momente
glücklich dein Sommerlachen
in meinen Ohren

Und dann der Abschied
wie unter Bäumen
voller Kirschblüten

Gregor Graf

Kirschblüten
im Wind
schneeweiß der Berg

ein Rosendorn
zupft
warte

unter dem Hut
Silber der Jahre
nicht einen Euro wert

die Briefe
mit dem rosa Schleifchen
ach ja – Frühjahrsputz

Stoppeln im Schnee
alles was blieb vom Wiegen
der Halme im Wind

Karola Groch

allein auf dem Herzkathetertisch –
hoffen
auf Leben

der kleine Enkel –
träumt mit der Papprakete im Arm
von der Reise zum Mond

kahlköpfige Kinder
sitzen im Wartezimmer –
da steht plötzlich der Clown in der Tür

Blattgold wanderte
von Schwabach zur Goldelse
nach Berlin als Gruß

Am Himmel –
Kranichschwingen singen
das Lied vom Abschied

Wolfgang Gründer

Der Tag
vom Abendregen
entstaubt

Frühlingsträume.
Und auf den Tannen
noch Schnee

Gewitterwolken
trügerischer Sonnenschein
räumt blitzschnell das Feld

Nebel am Morgen
verschleiert den klaren Blick
gestern die Feier

Aufwärts schweben
beim Blick in die Wolken,
Schneeflocken fallen

Saga Grünwald

Letzter Kranichruf
schwebt auf dem Nordwind davon
Eisblumen erblühn

Frosterstarrte Nacht
Mein Geist durchwandert endlos
schweigende Wälder

Als ein sanfter Hauch
gleitet lautlos der Schatten
Nur ein Flügelschlag

Endlose Bläue
Der Himmel in den Wellen
wird sanft geschaukelt

Goldene Wogen
Tausend stählerne Sicheln
ernten den Sommer

Ruth Guggenmos-Walter

dunstiger morgen – die leichtfüßigkeit   der bäume …

schwarze milch
roter mohn
worte durchwehen die erde …

ein schritt
auf durchsichtigem eis –
darunter die nacht

der bach
im mondlicht
steht still

chillen
im licht
der eintagsfliege …

Jochen Hahn-Klimroth

Kühler Morgen
in meinen Traum mischen sich
Vogelstimmen

Kirschblüten fallen
Kinder zimmern ein Haus
in den Baum

Kurze Sommernacht
ein Haar auf ihrem Kissen
ist mir geblieben

eine Wespe
ich öffne die Fenster weit
zwei Wespen

Allein gewandert
am Abend der fremde Klang
meiner Stimme

Taiki Haijin

Imkerei
neben vereisten Blüten
die tote Biene

Letzter Ferientag
ihr Lehrer kickt Steinchen
auf dem Heimweg

Auf dem Tresen
der vergessene
Herz-König

Bordsteinflechte
unter der Lupe
nur Wälder

Eckkneipe
ihre Trauerränder
zum Gruß aus der Küche

Erika Hannig

Übers Meer
trägt der Wind –
dein Schweigen

Sonnenstrahlen –
auf deinem Grab
welken die Schatten

Unterm Lindenbaum
eine stumme Zeitzeugin –
die alte Holzbank

Erster November –
in den Baumwipfeln
wiegt sich das Herbstgrau

Frühlingsgefühle
verstohlen fällt sein Blick –
in ihren Ausschnitt

Claus Hansson

im Moor
der verliebte Frosch
macht blau

der nächste Tag
mein Hund
kennt ihn nicht

der alte Meister
lächelt und schlägt
Purzelbäume

La Sylphide –
die Satinschuhe
fesseln

Großer Buddha –
im Blütenkimono
ein Lächeln

Gabriele Hartmann

verschneite Wege
die alten Geschichten
on demand

zerklüftete Felsen
ein Vater erzählt
von Afghanistan

Paarungszeit aus ihrem Mund hybride Worte

Erdbeerernte
wie draufgängerisch sie heut ist
die Amsel

Neujahrsstille
die Rotation
der Erde

Georges Hartmann

Nach der französischen Grenze
die Melodie
des Asphalts

Er wirkt angespannt.
Den Sportbericht hört er nur,
wenn sie mal Luft holt.

Almas Karriere
Saftgulasch
am Imbiss-Stand

Von acht bis neun
der Amsel gelauscht.
Seitdem tobt der Chef.

Beredtes Schweigen
im vollgestopften Fahrstuhl.
Nicht mal der Hund knurrt …

Ingrid Hassmann

Kirsch-Blüten-Seelen
auf ihrem Weg durch die Zeit
steuern den Kahn sacht

Der Frühlings-Herzschlag
versteckt sich unter Baumwurzeln
wird Augen-Weide

Pergamentartig
federleichte Lampions
treiben auf dem Fluss

Am Weiher das Kind
als Zifferblatt der Natur
in sein Spiel vertieft

Der halb gefüllte Erntewagen
ein Bauer
fährt Rest-Glück heim

Bernhard Haupeltshofer

oh, issa, hilf!
ein garten aus baumkronen –
wer ist der könig?

vom frosch zum vogel –
die wolken arbeiten für mich
in rascher folge

mit dem eichkätzchen
ein stelldichstill am boden
wer ist der kleine?

u-bahn: die schuhe
blicken nicht freundlicher
als die gesichter

was spricht der sand
- - - - - - - - - - - - - -
ins schweigen der wüste

Birgit Heid

Echinopsisblüte
wir bewegen die Schatten der Nacht

Weihnachtsbäckerei
ich schenke ihm ein Tütchen
Sternenstaub

Raunächte
mit dem Fahrrad eine Reise
zu Vater

mittwinter
die trittspur endet
vor ihrem grab

Neujahrsmorgen
die Kontur der Höhlenmalerei

Martina Heinisch

Urknall der Ansturm bevor die Türen schließen

Maiprozession –
im Asphalt der Abdruck
eines Panzers

historischer Markt
brüchige Landkarten
vom Frieden

es rockt …
er schwingt die Kordel
seiner Kutte

Waldweg
die alte Melodie
tief in mir

Monika Hermann

Mit einem Besuch
beim Blau der Morgenwinde
beginnt mein Sonntag.

Spätsommerabend –
taumelnd fällt ein gelbes Blatt
in unsre Mitte.

Ein Schatten fällt
in das Herbstlaub am Grab –
mein Schatten fällt.

Durch tiefen Schnee zum
Bergbach vor meiner Hütte:
Tuschpinsel waschen.

Getröstet vom Klang
der Neujahrsglocken – adieu,
ihr alten Tränen.

Kerstin Hirsch

Dauerregen
im Garten der alten Frau
große Wäsche

Dauerfrost
überall im Körper
Sehnsucht

Ostersonntag
Großvater sucht kichernd
seine Zähne

niemand liest mehr
im garten gegenüber
die äpfel auf

Nebellaken
zwischen den Fassaden
Schattenspiele

Anke Holtz

schreibe meinen Namen
in den Sand
und werde Meer

heut Nacht
bin ich eine Schneeflocke
diese eine Schneeflocke

Honeymoon Suite
an der Wand
ein Rettungsplan

Fastenzeit
so tun als hätten wir
gesündigt

Abschiedskuss
die Süße
im letzten Schluck Tee

Angelika Holweger

frisch aufgebrüht
im Teeglas
Farben der Frühe

weißer Schmetterling
auch er wirft
einen dunklen Schatten

von Vögeln gesät ...
ernte das Licht
einer Sonnenblume

so viele Fragen
und dann –
redet der Wind

dunkle Worte
vergessen
den Duft des Regens

Yuko Igarashi

Das Himmelszelt
bis zu meinem Vater
Drachen steigen lassen

Heerschar der Enten
zeichnet im Himmel
die Form eines Bumerangs

Milchstraße –
bewahrt jeden Wunsch
ohne Unterlass

Adventssonntag
in aller Augen
funkeln die Kerzen

Regenzeit
presto – largo – ritardando
auf meinem Schirm

Saskia Ishikawa-Franke

Zuckerwatte klebt
an den Backen der Kleinsten.
Schreinfest im Frühling.

Kinder erschrecken.
Ein Teufel vor dem Tempel
vertreibt den Winter.

Kein weiter Blick
über den Biwasee.
Gelber Sand aus China.

Mit jungen Blättern
am Bambuswaldrand
spielt ein Kater.

Wenig Stände
auf dem Tempelmarkt.
Pflaumenblüte und Schnee.

Ria Isler

Heiliger Abend
unser Taxifahrer heißt
Mohammed

Zwei Ausflugsschiffe
gähnen träge vor sich hin
im Dauerregen

Scheuer erster Kuss –
seine Zunge erkundet
ihre Zahnspange

Sie habe ihr Geld
dem Tierschutzverein vermacht
sagt sie Wurst kauend

Nonno und Kater
dösen in der Hotelbar –
Männerprivileg

Ilse Jacobson

Novemberblues … und voll mit wilden Rosen

im Licht der Mandelblüte
verborgen
ein Stück Himmel

Kirschblütenzweige –
sanft legt mein Atem an

leises Lied
in mir   ein Blatt
das fällt

als hätte ich sie nie gehört
Gesänge der Frühe

Rüdiger Jung

Nacht vor Erntedank
Ein sirrender Propeller
des Sommers Nachhut

Oktoberfest
In puncto Bier
Maß halten

Hab Acht Weberknecht
Da waren's nur noch sieben
Ballast abwerfen

Vorm Einschlafen noch
die Stechmücke erschlagen
Stille stille Nacht

Mücke, du Quälgeist:
dann mach mir halt den Vampir –
nur bitte leise!

Klaus D. Jürgens

Heftig zerrt der Wind
an dem rosa Tulpenbaum.
Blütenblätterfall.

Märzsonnenstrahlen;
in dem blauen Watt steht der
Leuchtturm auf dem Kopf.

Scheune verfallen,
Ställe leer. Vor dem Brunnen
blüht der Apfelbaum.

Sommergras im Wind.
Spuren der Vergangenheit
ziehn durchs alte Dorf.

Schnee fiel am Morgen.
Heute ist die Krähe schön
auf dem nackten Ast.

Ruth-Eva Karl

eine reise –
wohin?
warum?

ich träume oft
vom lachen meiner mutter
jetzt, wo ich alt bin

im turmrestaurant –
herrliche aussicht!
leider in wolken.

schwüle wärme –
im sommerregen
dein abschiedskuss …

verstreut in der welt
kinder und enkelkinder,
kontakt – über facebook!

Deborah Karl-Brandt

Das Wildkaninchen
Schnappt nach Luft – atmet ein, aus
Dann – nichts mehr

Erntemaschinen
Auf den Feldern halten die
Vögel Nachlese

Einen Augenblick
Begegnen sich die Welten
Von Tiger und Mensch

Am Himmel
Und auf dem Touchscreen
Das Feuerwerk

Kalte Neujahrsnacht
Nur das Jahr wird wieder jung
Bereift blieb mein Haar

Manfred Karlinger

Der Kirschblütenzweig –
er lässt sie lächeln,
die Seelenfreundin.

Morgenstille am See –
leichte Flügelschläge
der jungen Schwäne.

Leben in Fülle –
drei schwangere Freundinnen
im neunten Monat.

Am Scheibenwischer
das rote Ahornblatt –
wie lange noch?

Die Schwalben schwelgen
in den Lüften – die Mücken
üben den Todestanz.

Ute Kassebaum

Fundstücke am Meer
eine Muschel – eine Feder
Du – und – Ich

Worte plätschern
im Murmeln des Baches
deine Melodie

eingefangen
Stadt in der Nacht
Konzertklänge

Trunken vor Glück
unruhig der Flügelschlag
Schmetterling, bleib doch

zweitausend Jahre
lassen sich berühren
Olivenbaum grünt

Silvia Kempen

wachsender Mond –
sein Zeigefinger berührt
die dunkle Linie

Sterne –
der Wunsch zu wissen
was da ist

Lavendelduft
die gelebte Zeit
im Spiegel

Gezeitenwechsel –
eine Kuhherde watet
durch Morgennebel

Jahreswende
am Himmel das Zischen
der Sterne

Dieter Klawan

Eine Bewegung –
Portwein in die Tastatur!
Dateien perdu?

Der Kondensstreifen
spießt sich ein Schaschlik zurecht –
aus weißen Wölkchen

Auf der Waldlichtung
streicht der Buschwind wieder mal
durch seine Röschen

Eine Sternschnuppe
ritzte den Nachthimmel an –
zu schnell für den Wunsch

Das Gedicht trocknet
leere Wörter verwittern –
es bleibt ein Haiku

Elisabeth Kleineheismann

Morgentoilette
ein paar Zähne fehlen
im alten Kamm

Frühlingserwachen
heißa da tanzt
mein Staubwedel

neuer Haarschnitt
jung und wild
blüht jetzt der Löwenzahn

Picknick im Grünen
am stillsten
ist der Sonnenschein

Mitternachtskonzert
eine Galaxie
aus Smartphones leuchtet

Petra Klingl

Buschwindröschen
der Frühling ertrinkt
in der Wiese

Schmetterlinge
von Farben umschlungen
das Wiesengras

Beim Möwenschrei
Meeresrauschen
an den Strohhut stecken

Wildgänse
nehmen meine Blicke mit
in den Süden

Nachtfrost
morgens weinen Knospen
ihren Tod in die Sonne

Angelika Knetsch

Im herbstlichen Licht –
wie er errötet bevor
die Blätter fallen

Alter Nussbaum –
in seinen Schatten fallen
grüne Früchte

Nestbau –
dieses Suchen und Finden
am Rande des Winters

Familientaufkleid
alte Flecken
weggeweißt

Alle sind da
hungrig erwarten sie
Vaters Tischgebet

Simone Knierim

Morgenhaut
das Wasser des Sees
ohne Alter

die Kinder sind fort
in den Händen der Saft
von weißem Pfirsich

U-Bahnstation
ein Schmetterling öffnet
einen Mädchenmund

Bonsai-Show
mein Kind lassen
wie es ist

wie er fragend
meinen Namen sagt
warmer Sake

Beate Koepsell

Blätter reiben sich
Plättchen drehen sich im Fall
Ich halte inne

Frisches Grün begrüßt
Wer über die Schwelle tritt
Mit offnen Augen

Hildegard Korsten

Münster Kiepenkerl
Aprilmenschen, Autotod –
vierundzwanzig Grad

Antibiotika
im Wasser fließt und fließt
Nacht – Ratenmord

Enten schwimmen schnell
Rabe krächzt laut im Geäst
schwarz Nutria jungt

Bewegung täglich
unaufhörlich – Unfall
– bewegungsstill

Tour de France –
Düsseldorf-Lüttich,
denkt nicht an morgen

Norbert C. Korte

Wunsch, Traum und Idee
welche Welt ist Wirklichkeit
– jede, je nachdem

Englische Gärten
zwischen Hamburg und München
– barfuß durchlaufen

Flussuferwege
im Lichterschein der Sterne
– welch ein All-Ein Sein

Weg durch den Garten
begonnen als Spaziergang
– später Safari

Noch ganz utopisch
findet sie überall Raum
– die Liebe zu Dir

Gérard Krebs

Fernzug-Durchfahrt
im Provinzbahnhof bleibt
ein Hauch von Welt

D-Day Gedenktag
der Himmel voller
Schirmflieger

Tundra-Einsamkeit
kein Kondensstreifen
stört die Stille

Herbstböe
die alte Linde zerbirst
in tausend Stare

Südflug der Schwäne
in den Federn das letzte
Licht der Arktis

Tobias Krissel

Phoenix--
hinter Glendale und Siebzehnter
treffe ich den Mond.

nachtflug die letzten häuser waren sterne

Strommasten –
unser Schweigen
überland

Tagtraum die Wiese
eine Fläche aus Zirpen

kondensstreifenunsererblicke   d   r   i   f   t

Renate Küppers

Barfuß auf Asphalt,
ein leichter Wind schickt mir die
Gischt vom Springbrunnen.

Ein Hauch nur
Blumen aus Eis an meinem Fenster –
wie schnell sie welken

Kirschblütenblätter
nach dem Gewitterregen
schwimmen sie davon

Sternenklar die Nacht
auf dem Wasser der Vollmond –
wann geht er unter

Nur Brücken helfen
überwinden, überall –
betreten wir sie

Herbert Ledermann

Oh – Blütenzauber!
Ein Brummen und ein Summen –
Düfte betören.

Prächtiger Falter
Welch ein schillerndes Wesen –
Geheimnis wahrend.

Den Blumen verwandt –
Seine bunte Erscheinung
wie Blüten so zart.

Süße Verpaarung –
Die Blüte – Der Schmetterling
Im Moment *nicht zwei*.

Ein ganz kleiner Tod
Augenblick der Seligkeit –
Verlangen gestillt.

Reinhard Lehmitz

Im Vorspiel zum Rot
Weiß aufgeschäumte Landschaft
Kirschblütenhochzeit

Eine Spur von Rot
Noch begrenzt Grün das Feuer
Erwachender Mohn

Das Korn wächst heran
Mohn klatscht am Feldrand Beifall
und auch Kamille

Da! Erste Schritte
Aufbruch in neue Welten
Froschkinderlandgang

Rote Perlen und
grüner Glanz mit Schneehäubchen
Stechpalmenweihnacht

Barbara Lieder

Kirschblütentänze
der Sommer küsst den Frühling
mit schwellendem Mund

Als Farben der Nacht
in milden Julinächten –
Glühwürmchen tanzen

Unterm Mistelzweig –
seine schürzenden Lippen
bleiben ungeküsst

Aufziehender Sturm
das Boot am Ufer wiegt sich
– im Wind spricht Wasser –

Sei gegrüßt und geküsst
schreibt die Tinte aufs Weiße,
der Mund in Schweigen

Eva Limbach

wieder zuhause –
ich erzähle dem Goldfisch
vom Meer

nichts wird bleiben …
doch dann
die leeren Schwalbennester

gefallene Blüten
als wäre Gott
einer von uns

Novemberland –
ich borge mir die Flügel
einer Krähe

mitten ins Sterben
leichthin
der erste Schnee

Jean-Claude Lin

Wenn die Malve still
samenreich der Brise horcht
kehr ich heim zu mir

Mit den ersten Sternen
verglimmt die Zigarette
Oktobermensch

Abschied von Prerow
beim Flügelschlag der Schwäne
bleiben wir stehen

noch ohne Worte
ohne Geste der Nähe
dein Glas und mein Glas

Frühlings-Tagundnachtgleiche
der Schnee liegt im Efeu
hingegeben

Barbara Lindner

Hoch in die Luft
wirft sie den Schnee und schaut
in die Flocken!

Fröhlich baden die Spatzen
in einer tiefen Pfütze –
das Auto muss warten

Welch eine Stille
nach dem Ruf des Kuckucks –
Gräser wiegen im Wind

Die Takelage klingt
hell im Wind – Abendsonne
über dem Yachthafen

Grün-goldenes Buchenlaub
vor dem blauen Himmel –
wir gehen Hand in Hand

Ramona Linke

Morgenkühle
der Bogenschütze spannt
die Stille

den Tee aus der jadegrünen Schale
leer werden

Dresden
die dunklen Steine
der Frauenkirche

Eisregen im Lampenlicht der dampfende Mist

Stadtrundfahrt
Die Mauer
Heute

Birgit Lockheimer

Museumsselfie
Porträts zweier Mädchen
mit Perlenohrring

Sonnenfinsternis
ein Schatten rückt die Welt
in ein anderes Licht

Zwiebelkuchenzeit
alte Tränen
und neuer Wein

Bergen-Belsen
über dem Appellplatz
das Pfeifen der Vögel

Tiefschwarz das Wasser
des Fjords und salzig
der Fische Tränen

Zitronentulpen –
hier auf dem alten Friedhof.
Ich schlecke ein Eis.

An dem Blütenkelch
löscht die Hummel ihren Durst
und fliegt zum nächsten.

Der Mond trägt Locken.
Dauerwellen aus Wolken
schmücken sein Gesicht.

Jemand hat heut Nacht
die Bäume auf den Bergen
ganz weiß angemalt.

Durch Sonnenstrahlen
den Schneemantel abgestreift.
Fünf Winterlinge.

Petra Lueken

Tauwetter
alle Rinnsale
auf dem Weg zum Meer.

Die Löcher im Zaun
stopft die Wicke
mit Duft.

Auf auf und davon
im Fahrtwind winken vom Rand
die Witwenblumen.

Sonnenwende
rostige Blüten
knistern im Haar.

Neujahrsmorgen
die Meise ruft
wie gestern.

Otmar Matthes

Spielplatz aus Kreide:
Vom Tempelhüpfen auf dem
Asphalt keine Spur …

Blattfall im Herbst: Der
Gedanke des Baums vom Wind
zu Ende gedacht

Novembernebel:
Die Friedhofskerzen tausend
milchige Monde

Aus dem Kaufhaus plärrt
die fröhliche Weihnachtszeit:
„O du selige …"

Aschfarbener Mond:
Geistert durch den Winterpark,
wartet auf Narren …

Hans Johann Matye

Holzkohlereste im
vergilbenden Gras – blass
die Kondensstreifen

Die Kranichzüge
fliehen in den Süden – gelb
vor Neid die Bäume

Betäubender Herbst –
der rote wilde Wein schenkt
ein ganzes Haus sich ein

Holunderblüte
vorjährig – letztes Aufwachen
im Tee

Blitze fallen ins Tal –
zornig grummelt der Berg
unter der Regendecke

Claudia Melchior

Kirschblüten –
mein Himmel
heute rosarot

Diktat –
die Stimmen der Vögel

Barbarazweig –
manche Knospen
bleiben verschlossen

Nachtmusik
im Arm
ein Bündel Träume

Guten Abend, gute Nacht ...
Zugedeckt mit dem Gesang
der Vögel

Sigrid Mertens

Karfreitagmorgen.
Im Nachbargarten
kräht der Hahn.

Flirrendes Licht.
Über dem Asphalt
steht eine Lache.

Novembertrübnis.
Vokabel büffeln
el sol und la luz.

Unter der Brücke.
Zwischen Schlafsack und Tüten
flackert ein Teelicht.

Gitarre üben.
Hirn und Hand
so müde.

Erich Meyer

seidenblaues haar
zum langen zopf gebunden
lächelnd ihr gesicht

spiel im sommerwind
ein seil rasch im kreise schwingt
die katze flieht

kinder am fenster
der regen wischt die bilder fort –
die weiße kreide

stille winternacht
eisblumen ans fenster gemalt –
goldner mondesschein

lange schon
gelesen alle seiten –
staub im holzregal

Diana Michel-Erne

Tankstellenkaffee
am Horizont
ein Streifen Meer

Schreibblockade
wie das Mondlicht spielt
mit kahlen Wänden

am Ufer
unser Kind baut Brücken
zwischen Fremden

sinkende Sonne
er spricht von verschiedenen
Wellenlängen

Dauerkuss
ihr flüchtiger Blick
zur Bahnhofsuhr

Ruth Karoline Mieger

letzte Lesung
ein Gedicht
zieht bei mir ein

Sudoku
unterm Sternenhimmel
die Endlichkeit

Klostergarten
in jedem Winkel
eine andere Stille

Claras Klavierkonzert
ihre Hände
zwei Schmetterlinge

erster Frost
mein Enkel setzt den Schornstein
aufs Lebkuchenhaus

Stoyan Minev

Das Glück, ein Esel
zu sein!… Auf seinem Rücken
das Lamm!…

Liebe
PARADIESiert

LIEBE, DU, Triebkraft
der Welt, sei beauftragt, in
uns zu gedeihen!

Unter Kirschblüten –
ich streiche die vier Zäune
meines Gartens weiß.

Auf der Eispfütze
rutscht die Amsel beinah aus –
und du lachst wieder.

Auf der Gartenbank
ein Schmetterling und ich,
wir zwei im Herbst.

um meine erde
kreist der mond ein bisschen
atem weht dahin

Auf den Lippen noch
das Rot von deinen – Eis blüht
auf Hagebutten.

Renate Müller-Tümmler

Nussschokolade
Hochgenuss im Liegestuhl
Eichhörnchen lauert

Strandläufer laufen
mal laufen sie hin, mal her
ich laufe vorwärts

die Nacht bricht an
einsam am Fenster –
das Handy klingelt

blau glänzt der Mond
geheimnisvolles Leuchten
Glühwürmchen flirten

Rosenstock
unter Plastikhaube
träumt von Maibowle

Ina Müller-Velten

Bildersammlung –
für immer dein Lächeln
löschen

Friedhof –
in derselben Erde ruhen
Opfer und Täter

Zeit –
ein Häufchen Sand
in einem Glas

die einzige Wolke
an diesem kalten Morgen
mein Atem

Wieder verschont –
jetzt bekommt die Fliege
einen Namen!

Dietmar Näscher

Tiefer Sonnenstand
bäumige Schatten stehen
wie Riesen im Feld

Müde geworden
im Winter der Gegenwart
drüben bleibt die Welt

Vampirhafte Zeit
saugt Licht aus den Augen
zurück bleibt Leere

Dezembersonne
tastet sich durch den Advent
den berauschenden

Die Zirbelkiefer
trägt Zeichen der Verwitterung
bemerkt der Alte

Eleonore Nickolay

Honigmond
wir teilen
die erste Melone

Flüsterboot
wir folgen dem Flug
der Libelle

Bettlägerig –
zum Takt des Windes
der Tanz der Bäume

Besuchszeit
sie legt Rouge auf
ihr Lächeln

Dreiviertelmond
den Rest des Weges
alleine gehen

Masami Ono-Feller

Herrlicher Frühlingstag!
Wir tauschen unsere Schatten
auf der Kreuzung

Schnell nacheinander
blühen die Sommerblüten –
komme nicht hinterher

Das stille Töten
geht weiter – und das Eichhörnchen
versteckt seine Walnüsse

Endlich gelandet
Auch hier regnet es herbstlich
Lichter verschwommen

Devon-Zeit bei Frost
Die Seelilien schwanken
im lauwarmen Meer

Thomas Opfermann

Regenschwangere
Wolken über grauer See.
Du drehst Deinen Kopf.

Ich bin so müde.
Erhellt wird die Dunkelheit
nur von Grablichtern.

Die Eulenrufe
lassen mich nicht schlafen gehn.
Was soll ich noch tun?

Familientreff.
Lametta, Kugeln, Krippe …
Nebenan Lachen.

Mir wird bang ums Herz
Nach der Aussprache mit Dir.
Die Gänse ziehen.

Fabienne Pakleppa

heute bin ich grün
hinter den ohren. es wächst
mir frühling heraus

diese maiglöckchen!
die mutter ist tot, für wen
blühen sie denn noch?

mitten im verkehr
erwischt: müllmann und hexe
mit reisigbesen

zwei spiegeleier
schlafen im spinatbett ein
träumen von küken

innen das beben
auf ein haiku verdichten
dann nur noch schweigen

Petra Quintus

weiße Wolken
wie eine Krone über dem Kraftwerk
mir bleibt die Luft weg

im Liebesroman
die Sandkörner des Sommers
der Herbstwind blättert um

die Zecke
unter dem Auge
tagelang übersehen

Urlaubsende
das Salz in der Luft
schmeckt nach Tränen

Neujahr
frisch gestrichen
steht auf dem fleckigen Schild

Heidelore Raab

Auf Flügeln tragen
sie den Winter davon –
Japans Singschwäne

Steiniger Weg
ans Meer –
ein Segelfalter

Barfuß durch den Sand –
Flut nimmt meine Spur mit
ins Unendliche

Träumende Insel,
Lichtnetze klöppelt der Mond,
hin fließt die Zeit

Pfad zum Bergtempel –
mit Blattgold füllt der Wind
die Bettlerschale

nachtstadtgeflüster
durch die gassen eilen
flocken

abgeschoren
dein aschenes haar
sulamith

ziehende wolken
in nachbars fenstern
die weite welt

mehlige hände
der zerkratzte ehering
am waschbeckenrand

gegen atomstrom
der brüchige aufkleber
auf der kühlschranktür

Rainer Randig

Kleine Feldlerche
Lässt unter ihrem Gesang
Mich still sein

Kühle rührt an der
Nacht. Auf seidiger Hülle
Zittrig ein Falter

Tau glitzert im Gras
Nicht ein Haiku stellt sich ein
Nasse Füße

Beim Film über die
Uckermark hab ich geweint
Welche Entfremdung

Mauersegler zur
Obstblüte. Jetzt hat Nachbars
Huhn ein Ei gelegt

Mara Rei

Kirschblütenfeier
ist in das Wasser gefallen
Bäume atmen auf

Den Fels hinunter
purzelt lautlos das Mondlicht
der Wald schläft weiter

In eine neue Richtung
über Felsen und Steine
Wasser unterwegs

Scharfe Konturen
Sonne fällt auf Wüstenfels
Oase flimmert

Schiff auf hoher See
hinterlässt keine Spuren
schäumende Wellen

Bernd Reklies

Die alte Bank –
behutsam setzen
neben Großvater

Ein Haubentaucher
Wellenringe
Stille

Offenes Fenster:
Im Literaturhaus
das Rauschen der Blätter

Die junge Amsel
spaziert in meine Küche.
Wie überraschend.

Der Schwalbenschwanz
verführt vom Osterfeuer
tanzende Schatten

Rita Rosen

meine Nachbarin
kann in mein Zimmer schauen
zählt alle Spinnen

Kästchen aus Kreide
leicht hüpfen die Mädchen in
Himmel und Hölle

Hieroglyphen
die Krähenspuren im Schnee –
Champollion ist tot

im Innenhof der Moschee
Stille –
der Brunnen lautlos

das Buch am Abend
aufgeschlagen ein Gedicht
Gleichklang der Seele

Peter Rudolf

und wieder reichen
zwei Augen nicht zu fassen
Frühlings Erwachen

vieles geht spurlos
nicht vorbei – siehst du dort
den Regenbogen?

im grauen Nebel
tanzen zwei schwarze Vögel
den bunten Reigen

durch Eisblumen bricht
kalt Vollmondlicht – heiß pflück
ich sie der Liebsten

völlig überrascht
vom neuen Jahr den alten
Vorsatz erneuert

Sebastian Salie

den Berg bezwungen
das Zögern vor dem ersten
Schritt hinab ins Tal

Geisterfahrer
der aufgehenden Sonne
entgegen

Rauhnachtsturm
beim Blick durchs Fenster
finde ich mich

Schlitterpartie
mit roten Wangen zurück
nach Hause zu dir

verborgen
im Wald hinterm Haus
ein Tempel aus Holz

Elisabeth Sofia Schlief

die kranichrufe
locken den frühling herbei
jedoch ihr herz schweigt

grillenorchester
glühwürmchen tanzen beim fluss
roter erntemond

gewittergrollen
eine hummel versteckt sich
im löwenmäulchen

um die kopfweiden
wallen nebelgestalten
im morgenschweigen

hoch in der pappel
erzählt sich ein krähenpaar
vom taggeschehen

Rudolf A. Schmeiser

Singen befreit die
Seele, lass deinem Kehlkopf
freien Lauf, denke!

Durmersheim, Perle
der Hardt, zwischen Erdbeeren
und Spargelfeldern

Katzen geduldig
vor dem Mauseloch sitzend,
fast in Ekstase.

Du lebst vom Moment,
der vor dir liegt, ungeschützt,
und nichts retten kann.

Ein Handy klingelt,
alle greifen daneben –
Pech gehabt, oder?

Theo Schmich

lauschig die parkbank –
hätte ich eine freundin
säße ich dort mit ihr

am wegkreuz der baum –
äste in jede richtung
wissen nicht wohin

das feuer längst erloschen
doch hoch am himmel
lange noch sein rauch

wald und feld ganz still
lautlos stürzt ein stern verglüht
ruhig scheint der mond

ein brennnesselblatt
winkt mir von der böschung zu –
ich grüße zurück

Katharina Schmidt

allerheiligen
in nachbars kürbiskopf
fehlen paar zähne

alte melodie
summt ein mädchen
im sandkasten

sonnige wiese
ringsherum
ein kalb an der leine

apfelblüte
fast unsichtbar im moos
ein singvogel

neubau
im straßenlicht
eine spinne flickt ihr netz

Maren Schönfeld

Auf Asphaltauen
lässt sich die Sonne nieder –
Flusspromenade

Traumvolle Seelen
am Elbufer gestrandet
das graue Wohnschiff

Leerer Himmel
das Schreien der Gänse
fliegt vorbei

Nordsee-Ebene
Schafe in Land und Himmel
eines hinkt

Ausatmender Mond
ein Hauch zwischen Häusern
trägt Regen heran

Helga Schulz Blank

Risse durchziehen
ausgemergelten Boden
Tränen verdunsten

die Lindenallee
verströmt süßen Duft
meine Augen tränen

Altweibersommer
auf der Seepromenade
funkeln Geschmeide

nur ein paar Pesos
die knusprigen Heuschrecken
verpackt in Tüten

Flieder am Kurhaus
sie blühen auf
beim langsamen Walzer

Regina Seelig

Das Osterlicht weit
durch Dunkelheit getragen –
der Nachbar wartet.

Sommerhitze liegt
auf der Dult – bleicht Tand und
Erinnerungen.

Die Abendkühle –
aus den Vorhangfalten strömt
noch Sommerwärme.

Verwandeltes Dorf –
durch dichten Nebel hallen
Schläge der Turmuhr.

Baumwurzeln im Schnee!
Den Wind fühlend, denke ich
an Heimatlose.

Angelica Seithe

Mich
ausfädeln bei dir. Aber
der Faden wird länger und länger

Regen rauscht –
der leise Vorhang bestickt
mit Vogelgesang

vorübergehend –
mein Schatten löscht
das Glitzern im Gras

du kommst –
am kahlen Kirschbaum blühen
Regentropfen auf

Flandern im Frühling –
vor den Himmel geklöppelt
ein knospender Strauch

Hildegund Sell

und nach diesem Tag
schwimmt grün des Abends Anfang
überm Horizont

kleiner Drachen
fliegt hoch oben pfeilschnell
stürzt ins Meer

Sieh die Hitze,
die flimmernde Zukunft.
Fliegt nur, Vögel.

Die Wasser im Fluss,
und Tage, strömen vorbei.
Das Meer schon so nah …

Auch hinter dem Mond
erhellt perlmutternes Licht
unendlichen Raum

Sulamith Sommerfeld

Ein Morgen im März
Erste Krokusse blühen
Auf harter Erde

Im Sand gelandet
Ohne viel Federlesen
Die Vogeldaune

Frühlingsbote
Willkommener Gast
Noch unterwegs

Taunass glänzt das Gras
Der Fußabdruck noch ganz frisch
Ein Frühaufsteher

Zerschnitten der Mond
Zwischen den Apfelblüten
Nur halb zu sehen

Sabine Sommerkamp

Erster Frühlingstag –
die Tür des Nachbarhauses
ist nur angelehnt.

Mein Gärtchen verkauft –
wie anders klingt auf einmal
der Vögel Gesang!

Aus dunkler Tiefe
zur Sonne aufgebrochen:
eine Seerose.

Alleingelassen
eine letzte Garbe Korn –
kalt weht heut der Wind.

Durch die Winternacht
das Brechen eines Astes –
Stille wie zuvor.

Gerhard A. Spiller

Ein ödes Stück Land,
doch inmitten der Leere
wächst ein Löwenzahn.

Der Frühling ist da,
sät Gedanken an Liebe,
lässt Anmut sprießen.

Singende Vögel,
heftig keuchend ein Läufer,
Tiere vertreibend.

Gleich einer Elfe
schwebst du sanft an mir vorbei
– zurück bleibt dein Duft.

Verlorener Weg,
Nebel wabert ringsumher.
Aufkommende Angst.

Helga Stania

sommertau —
eine kuh
leckt ihr kleines kalb

nach so viel nacht
magnolienblüten

lerchenlieder
in unsere schatten
fällt ein neues licht

am rande der galaxie
ein pirol
besingt sein revier

astern — meine träume noch hell

Antje Steffen

Schmetterlingsreigen
sie tanzen durch die Lüfte
Hornisse macht Jagd

Wintersturm tobt laut
Bäume biegen sich herab
es knackt gewaltig

Laue Sommernacht
Grillen geben ein Konzert
Glühwürmchen tanzen

Herbst färbt die Blätter
leuchten im Sonnenlicht
Straßen so glibschig

Frühlingsgewitter
kündigt sich durch Schwüle an
Amsel singt ihr Lied

Walther Stonet

das leberblümchen
verliert blütenblätter –
die amsel nimmt eins

Eistanz –
Die Möwe und
Der Fisch

Totengeläut –
Während des Innehaltens
Fällt ein Ahornblatt

Blütenblätterschnee –
Der schwarze Kater
Wälzt und streckt sich.

Vögel zwitschern –
Ich antworte

Jochen Stüsser-Simpson

Die Uhr tickt obwohl
so viele Dinge schweigen
unhörbar der Krebs

Es wächst ihr über
beide Ohren die Liebe
sie ist schwer hörig

Beim Vorschwung am Reck
Hüften strecken, Kopf zurück
Griff lösen: Salto

Nur Wind mit Wolken
Haiku auch ohne Sonne
metaphysikfrei

Keine Stufe mehr
am Ende dieser Treppe
leerer Tritt ein Schreck

Klaus Stute

iko no
klast

sommergras
jeden abend ein
gute-nacht-haiku

das ganze leben
im grunde meines herzens
nur ein kammerspiel

am ende
des spaziergangs
die fußnote:

zu *ikonoklast*
siehe duden wikipedia
etc.

Kenji Takeda

夕立雲切れて真青な空深し

Die Sonne bricht durch
nieselnde Wolkenschleier.
Bläue tiefoben.

攻める蚊と防ぐ我あり一休寺

Moskito-Attacke,
ich tobe und schlage mich.
Ikkyū-ji Tempel.

凩に耐へし冬薔薇 剪らず置く

Winterrosen stehen
dem eis'gen Wind entgegen,
wer könnt' sie schneiden!

白木蓮拳開きて光受く

Mit geöffneten Fäusten
erhalten das Licht
die weißen Magnolien.

立石寺登り切ったる涼しさよ

Durchgehalten der Aufstieg
bis oben am Risshaku-ji
mit Kühle belohnt.

Franz-Josef Talarczyk

Nieselregen
die wippenden Blüten
bunter Schirme

Froschkönig
mit allen Wassern
gewaschen

Frühling kommt
mein Herbst
will nicht enden

geschenktes Bild
Omas Stichelei
jetzt an der Wand

dein alter Brief
wie nahe
wir uns sind

Brigitte ten Brink

schlaflos
das Haus flüstert
mit dem Wind

Rast am Flussufer
tief in mir die Trägheit
des Stromes

Regentag
das letzte Puzzleteil
bleibt verschwunden

Blütentupfer im Park
Monet
muss warten

im Herbststurm
durcheinander gewirbelt
mein altes Leben

Ingrid Töbermann

kurzer Spaziergang
Liebe auf den ersten Blick
Krokus am Ufer

Hochsaison der Ausflugsdampfer –
über *Fortuna*
schwingt sich der Reiher

der bunte Drachen
steigt höher und höher
im herbstlichen Wind

goldtrunkenes Blatt
schaukelt und dreht sich
am Faden der Spinne

in Gedanken bei Dir –
auf der Fensterbank
blühender Weihnachtsstern

Erika Uhlmann

Geborgenheit
der Schattenbaum
im alten Friedhof

Brücken-Heilige
werfen Schatten in den Fluss
Erinnerungen

Heimat – die Tränen
und Träume der Kinderzeit
ins Herz geschrieben

In weißen Nächten
schlaflos
träumen

Kirchenuhr
zur Mitternacht
nur sieben Schläge

Traude Veran

Nachtschmetterlinge
panisch in Vorhangfalten
die Uhr tickt

der Gefährtin
das geflochtene Band
in den Sarg legen

der raumlose Raum
Fotos vom Kirschblütenfest
in Hokkaido

der Jaguar schnürt
sein Pfad am Gitter entlang
ist ausgetreten

der Wind weht einen
roten Luftballon
über den Friedhof

Paul Vogel

wenn die nacht sich senkt
zerrinnt im deutelosen
hütte und palast

sie schien klar wie luft
doch stürzt an blanker scheibe
wirrblind die fliege

wieder kaum erhofft
treibt wunderliche blüten
kaktus' stachelstamm

dem fuchs entronnen
wurde ein opfer des habichts
das verwirrte huhn

tropfen nur stets gleich
fallen rinnen bahnen gleis
fern fern braust der fluss

Werner Völk

Ist der eine Wind
der die tausend Gräser dort –
jedes anders wiegt.

Schau, der hohe Halm
den die Schnecke grad erklimmt –
sich zur Erde neigt.

Reifer Apfel fällt.
Die zwei Alten blicken stumm
ins zerdrückte Gras …

Nun, den ersten Frost
haben wir schon hinter uns –
kleines Efeublatt!

Übermütig stampft
übers Laub die Kinderschar –
Blätter tanzen mit!

Christa Wächtler

Frühling im Friesland
Schafe, winzige Lämmer
auf Deich und Weide.

Surfer auf dem See
Bunte Segel im Regengrau
In der Ferne Raps

Pfingstsonntagmorgen
Über Saatgrün und Goldraps
steigt hoch die Lerche.

Rote Zierfische
Im Seerosenblättermeer
Ein Frosch hüpft aufs Blatt

Wintertag am Meer
Licht fällt auf die schwarze See
Möwen kreischen schrill.

Beate Waszner

Hand in Hand
mit Sonne, Mond und Sternen
nach Hause fliegen

Magnolienblüte
der Kohlweißling
schwingt mit

Wie der See erwacht
hinter dem Dunstvorhang
zerreißt die Stille

Wie der See einschläft
unter dem großen Wagen
schwärmen die Mücken

Am Ziegenrücken
in buckliger Gesellschaft
die Dorfbewohner

Elisabeth Weber-Strobel

Neujahr
Vater bringt den Karpfen
zurück in den Teich

Caféhausgeräusche
von den Schultern fällt
die Stille des Schnees

Yoga im Freien
wie sie sich biegen
die Gräser im Wind

laue Sommernacht
nur der Mond und ich
in einem Hemd von dir

um die Losbude
mit Füßen getreten
das verpasste Glück

Brigitte Weidner

Sturmschneise
wandernde Wolkenschatten
auf kahlen Flächen

Am Augusthimmel
Perseidenschauer
Wünsche erwachen

Tiefstehende Sonne
Pfeile am Abendhimmel
Vogelzug

Herbstlaub im Wind
Vergessene Brille auf der Parkbank
Verwehte Spuren

Drachen im Herbsthimmel
Sommerträume entschweben
Sehnsucht

Ruth Wellbrock

das Futterhaus
nachgerüstet – ganz im Schauen
aufgehen

füttert sie schon
oder brütet sie noch
– Amsel im Anflug

in meinem Aschram
der reinigenden Kraft
des Regens lauschen

durch Neujahrswald
voll frischen Holzgeruchs
den Kopf frei

Märchenstunde –
auf Flügeln der Fantasie
Planetenreise

Dagmar Westphal

Ergraute Erde –
jubelnd durchbricht die Lerche
den Vorhang zum Licht.

Nordwärts mit dem Licht
ziehen können beim Ruf
der wilden Gänse …

Gärten lichtgefüllt –
in Schlehenblütenträumen
sprechen die Amseln.

Sommerlang tanzen
mit Möwen und Seehunden
im schäumenden Licht!

Schweigt der kurze Tag
erstirbt im Nebel das Licht –
ein Rotkehlchen singt.

Kéri Will

in der ub
licht sirrt im apparat
kritische ausgabe

die dohle pickt
die ganze zeit im sanddorn
ich lese im schloss

sternenklare nacht
die tür fällt ins schloss –
im zweifel brennt licht

vor der schlachtung
zwei hirsche äsen im wald
wintereinsamkeit

harz am stamm
tropfen um tropfen zählt
die stille zeit

Friedrich Winzer

Ladenschluss
der Tag verschwindet
im Nachttresor

Eine Schnecke
versilbert gemächlich
das rostige Gleis

Leichter Morgenwind
der Löwenzahn schickt seine
Luftlandetruppen

Johannisfeuer
aus dem Gleichgewicht gebracht
durch ihre Augen

Begräbnis
unwiderruflich weg
das Ungesagte

lauer Mairegen
dick und schwerer die Tropfen
aus der Glyzine

Abendrot
der Takt von Ruderspuren
versunken im See

der Duft der Linden
Bienen taumeln
am Juni entlang

im fremden Land
in fremden Bäumen
fremder Gesang

nur trübe Tage
der Winter hat mir meinen
Schatten gestohlen

Peter Wißmann

nach dem bürotag
der amselbesprechung
im garten lauschen

am friedhofseingang
das mädchen mit dem handy
schlägt die Zeit tot

kahler wald
nach der stille der schuss
und die stille

trutz tod, komm her
ich fürcht dich nicht! – die bläser
einen tick zu laut

jauchzet, frohlocket ... !
in der schale des bettlers
am ausgang spielt wind

Gisela K. Wolf

Regentag
Forsythien werfen ihr Gelb
in grünendes Gras

Lavendelfeld
Blumenduft in der Wüste
Grenzen wegträumen

Nachbars Katze Mozart
sitzt am Fenster und lauscht
kleine Nachtmusik

Herbstliche Nacht
scharrende Pferde
die Katze im Arm

Dichter Schneefall
Cembaloklänge
der Hund schnarcht im Korb

Stefan Wolfschütz

Funkelndes Wasser
Sonne tanzt auf den Wellen
ohne jeden Grund

Novemberniesel
goldbraun fließt aus der Kanne
der Tee und die Zeit

Dieses Wort
auf der Goldwaage
Du

Novemberblues
ihre Finger suchen
ein Emoticon

Nebel
meine Augen fischen
Im Drüben

Anna Würth

Frangipaniluft
Blaue Stunde bluesgegerbt
Stumm die Zikade

Mangroven grau grün
leise lacht der Leguan
ein Kanu ein Kind

Dein Lied Lucia
als Singen noch geholfen
hat aber der Schnee

Chaos verwandeln
Ja sagen Nein klarsichtig
Sand Salz Korn für Korn

Bei jedem Wetter
die Tafel festlich decken
Krume und Krokant

IMPRESSUM

Deutsche Haiku-Gesellschaft e.V. (Hrsg.)

Mitglied der	Federation of International Poetry Associations
	(assoziiertes Mitglied der UNESCO)
und der	Haiku International Association, Tôkyô
Ehrenmitglied der	Haiku Society of America, New York
Anschrift:	Deutsche Haiku-Gesellschaft e.V.
	z. Hd. Stefan Wolfschütz
	Postfach 202548
	20218 Hamburg
Web:	www.deutschehaikugesellschaft.de
E-Mail:	info@deutschehaikugesellschaft.de

Umschlag, Foto und Gestaltung:
      Claudia Brefeld
Redaktion & Layout: Peter Rudolf